CARSON CITY LIBRARY
900 North Roop Street
Carson City, NV 89701
775-887-2244   MAY 0 3 2018

ANIMALES DEL PATIO

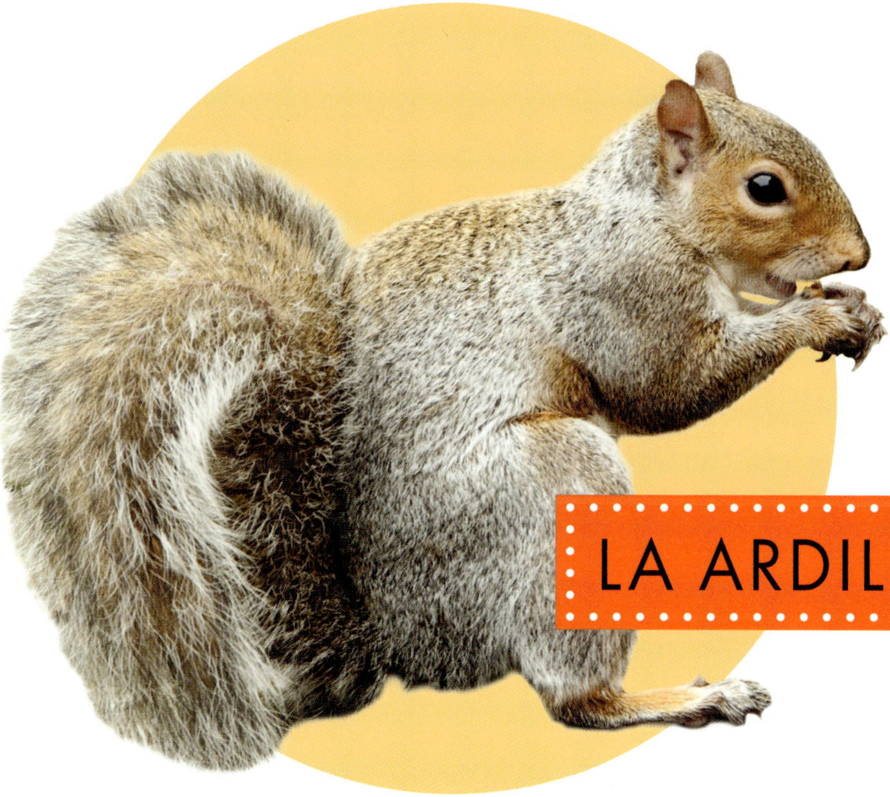

LA ARDILLA

por Wendy Strobel Dieker

AMICUS

garras

dientes

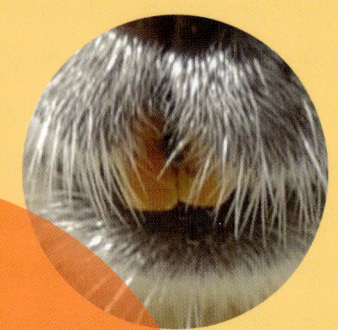

Busca estas palabras y estas imágenes a medida que lees.

cola

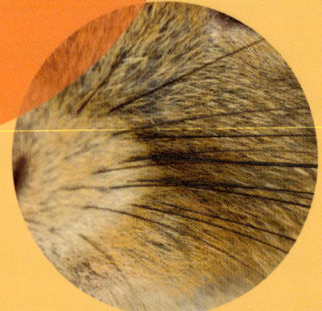

bigotes

¿Qué hay en el árbol?
Es una ardilla.

dientes

La ardilla es un roedor.
Tiene largos dientes delanteros.

Mira su cola peluda. Le da sombra en el verano. La mantiene caliente en el invierno.

cola

garras

Mira sus garras. Sus garras la ayudan a trepar. Ella trepa en los árboles y en los postes.

Mira sus grandes ojos.
La ardilla puede ver bien.
Vigila que no haya enemigos.

Mira sus bigotes.
Esos pelos sienten el suelo.
La ayudan a buscar comida.

bigotes

¡La ardilla halló una nuez! Ella esconderá la nuez. En el invierno, tendrá comida.

garras

dientes

¿Hallaste estas palabras y estas imágenes?

cola

bigotes

Spot es una publicación de Amicus
P.O. Box 1329, Mankato, MN 56002
www.amicuspublishing.us

Copyright © 2018 Amicus. Todos los derechos internacionales reservados en todos los países. Prohibida la reproducción total o parcial de este libro por cualquier método sin el permiso por escrito de la editorial.

Información del Catálogo de publicaciones de la Biblioteca del Congreso
Names: Dieker, Wendy Strobel.
Title: La ardilla / por Wendy Strobel Dieker.
Other titles: Squirrels. Spanish
Description: Mankato, Minnesota : Amicus, [2018] | Series: Spot. Animales del patio | Audience: K to grade 3. | Includes bibliographical references and index.
Identifiers: LCCN 2017005326 | ISBN 9781681512778 (library binding : alk. paper)
Subjects: LCSH: Squirrels--Juvenile literature.
Classification: LCC QL737.R68 D5418 2018 | DDC 599.36--dc23
LC record available at https://lccn.loc.gov/2017005326

Impreso en los Estados Unidos de América

10 9 8 7 6 5 4 3 2 1

Rebecca Glaser, editora
Deb Miner, diseño de la serie
Ciara Beitlich, diseño del libro
Holly Young, investigación fotográfica
Traducción de Victory Productions,
  www.victoryprd.com

Todas las fotos son de Shutterstock, excepto: Alamy, 2, 12-13, 15; iStock 2, 8-9, 10-11, 15

LA ARDILLA